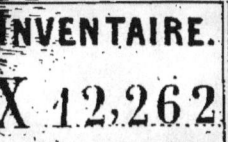

ALPHABET
CHRÉTIEN,

ou

RÈGLEMENT

POUR LES ENFANTS

QUI FRÉQUENTENT LES ÉCOLES CHRÉTIENNES

BESANÇON.

CHEZ DÉTRUCHE, LIBRAIRE, GRANDE-RUE, 9.

1865.

Ⓒ

A B C D E
F G H I J K L
M N O P Q R S
T U V X Y Z

Chiffres.

1 2 3 4 5 6 7 8 9 0

a b c d e f g
h i j k l m n o p
q r s t u v x y z

Voyelles simples.

a e é è ê i o u y

Consonnes simples.

b c d f g h j k l m n p q
r s t v x z.
d b f c h e x g a j u y m
r o n v p z k q i s t.
4 3 6 7 2 8 1 9 5 0.

Ba be bi bo bu
bé bè bê.
Ca ce ci co cu
cé cè cê.
Da de di do du
dé dè dê.
Fa fe fi fo fu
fé fè fê.
Ga ge gi go gu
gé gè gê.

**La le li lo lu
lé lè lê.**
Ma me mi mo mu
mé mè mê.
**Na ne ni no nu
né nè nê.
Pa pe pi po pu
pé pè pê.**
Qua que qui quo qu
qué què quê.
**Ra re ri ro ru
ré rè rê.**

**Sa se si so su
sé sè sê.
Ta te ti to tu
té tè tê.
Va ve vi vo vu
vé vè vê.
Xa xe xi xo xu
Za ze zi zo zu.**

———

An, on, un, or, et, au, s'y,
est, lui, pas, loi, jeu,

air, mur, nous, mais, vous, fils, point, temps, dans, jour, dix, corps, main, dent, pied, le, pont, tour, la, long, haut, les, blanc, bois, du, cent, deux, si, Aime, père, ange, tête, heure, page, enfer, esprit, comme, beaucoup, emploi, premier, classe, livre, table, second, prendre, ami, ciel, trésor, sainte, même, ville, appel,

se cours, glace,
fau te, dé faut,
ver tu, fi xer,
Mes se, si gnal,
gout te, e xil,
lar me, ar bre,
ha ïr, dé cret,
stal le, ai mer,
Pa ra dis, é co-
le, A pô tre,
é toi le, E gli se.

dis ci ple , o rai-
son, doc tri ne ,
pa ro le , pen-
si on, nou vel le ,
vil la ge , fa mil-
le , Sain te
Vier ge.

Au nom du Père, et du Fils, et du Saint-Esprit. Ainsi soit-il.

Oraison dominicale.

No-tre Pè-re qui ê-tes aux cieux, que vo-tre nom soit sanc-ti-fi-é ; que vo-tre rè-gne ar-ri-ve ; que vo-tre vo-lon-té soit fai-te en la ter-re com-me au ciel : don-nez-nous au-jour-d'hui no-tre pain quo-ti-dien ; et nous par-don-nez nos of-fen-ses com-me nous par-don-nons à ceux qui nous ont of-fen-sés; et ne nous lais-sez pas suc-com-ber à la ten-ta-ti-on ; mais dé-li-vrez-nous du mal. Ain-si soit-il.

La Salutation angélique.

Je vous sa-lue, Ma-rie, plei-ne de grâ-ce ; le Sei-gneur est a-vec vous ; vous ê-tes bé-nie en-tre tou-tes les fem-mes et Jé-sus, le fruit de vos en-trail-les, est bé-ni. Sain-te Ma-rie, mè-re de Dieu, pri-ez

pour nous pau-vres pé-
cheurs, main-te-nant et
à l'heu-re de no-tre mort.
Ain-si soit-il.

Le Symbole des Apôtres.

Je crois en Dieu, le
Pè-re tout-puis-sant, cré-
a-teur du ciel et de la
ter-re et en Jé-sus-Christ
son Fils u-ni-que no-tre
Sei-gneur; qui a é-té con-
çu du Saint-Es-prit, est
né de la Vier-ge Ma-rie,

a souf-fert sous Pon-ce Pi-la-te; a é-té cru-ci-fi-é, est mort, et a é-té en-se-ve-li; qui est des-cen-du aux en-fers, et le troi-si-è-me jour est res-sus-ci-té des morts ; est mon-té aux Cieux, est as-sis à la droi-te de Dieu le Pè-re tout-puis-sant ; d'où il vien-dra ju-ger les vi-vants et les morts. Je crois au Saint-Es-prit; la sain-te E-gli-se ca-tho-li-que ; la com-mu-ni-on des Saints;

la ré-mis-si-on des pé-chés, la ré-sur-rec-ti-on de la chair, la vie é-ter-nel-le. Ain-si soit-il.

La Confession des péchés.

Je me con-fes-se à Dieu tout-puis-sant, à la bien-heu-reu-se Ma-rie tou-jours Vier-ge, à saint Mi-chel Ar-chan-ge, à saint Jean-Bap-tis-te, aux a-pô-tres saint Pier-re et saint Paul, à tous les saints et à vous, mon Pè-re, de tous les pé-chés que j'ai com-mis en pen-sées, pa-ro-les et œu-vres, par ma fau-te, par ma pro-pre fau-te, par ma très gran-de fau-te. C'est pour-quoi je prie la bien-heu-reu-se Ma-rie tou-jours Vier-ge, saint Mi-chel ar-chan-ge, saint Jean-Bap-tis-te, les saints a-pô-tres Pier-re et Paul, tous les saints, et vous, mon Pè-re, de pri-er pour moi le Sei-gneur no-tre Dieu.

Que le Dieu tout-puis-sant nous fas-se mi-sé-ri-cor-de, qu'il nous par-don-ne nos pé-chés et nous con-dui-se à la vie é-ter-nel-le Ain-si soit-il.

Que le Sei-gneur tout-puis-sant et mi-sé-ri-cor-di-eux nous ac-cor-de l'in-dul-gen-ce, l'ab-so-lu-ti-on et la ré-mis-si-on de nos pé-chés.

ACTES DES VERTUS THÉOLOGALES.

Acte de Foi.

Mon Dieu, je crois fer-me-ment tout ce que la sain-te E-gli-se ca-tho-li-que, a-pos-to-li-que et ro-mai-ne m'or-don-ne de croi-re, par-ce que c'est vous, ô vé-ri-té in-fail-li-ble ! qui le lui a-vez ré-vé-lé.

Acte d'Espérance.

Mon Dieu, j'es-pè-re

a-vec u-ne fer-me con-fi-an-ce, que vous me don-ne-rez, par les mé-ri-tes de Jé-sus-Christ, vo-tre grâ-ce en ce mon-de; et si j'ob-ser-ve vos Com-man-de-ments, vo-tre gloi-re en l'au-tre, par-ce que vous me l'a-vez pro-mis, et que vous ê-tes sou-ve-rai-ne-ment fi-dè-le dans vos pro-mes-ses.

Acte de Charité.

Mon Dieu, je vous aime de tout mon cœur, de tout mon es-prit, de tou-te mon â-me et de tou-tes mes for-ces, par-des-sus tou-tes cho-ses, par-ce que vous ê-tes in-fi-ni-ment bon et in-fi-ni-ment ai-ma-ble; et j'ai-me mon pro-chain com-me moi-mê-me pour l'a-mour de vous.

AVIS
A UN ENFANT CHRÉTIEN.

1. Re-tour-nez de l'é-co-le à la mai-son, sans vous ar-rê-ter par les rues; mo-des-te-ment, c'est-à-di-re, sans cri-er ni of-fen-ser per-son-ne. Au con-trai-re, si l'on vous in-ju-rie et of-fen-se, en-du-rez-le pour l'a-mour de No-tre Sei-gneur, et di-tes en vous-mê-me : Dieu vous don-ne la

grâ-ce de vous re-pen-tir de vo-tre fau-te, et vous par-don-ne com-me je vous par-don-ne.

2. Gar-dez-vous de ju-rer, de vous met-tre en co-lè-re, de di-re des pa-ro-les sa-les, de fai-re au-cu-ne ac-ti-on dés-hon-nê-te.

3. Quand vous pas-sez de-vant quel-que croix, ou quel-que i-ma-ge de No-tre Sei-gneur, de la très sain-te Vier-ge ou des Saints, fai-tes u-ne res-pec-tu-eu-se in-cli-na-tion.

4. Quand vous ren-con-tre-rez quel-que per-son-ne de vo-tre con-nais-san-ce, sa-lu-ez-la le pre-mier, par-ce que c'est u-ne ac-ti-on d'hu-mi-li-té.

5. Sa-lu-ez les per-son-nes que vous ren-con-tre-rez, se-lon la cou-tu-me du lieu et l'in-struc-ti-on qu'on vous au-ra don-née.

6. Quand vous en-tre-rez chez vous, ou dans quel-qu'au-tre mai-son, sa-lu-ez ceux que vous y trou-ve-rez.

7. Quand vous fe-rez quel-que ac-ti-on, fai-tes dé-vo-te-ment le si-gne de la croix, a-vec in-ten-ti-on de fai-re au nom de Dieu et pour sa gloi-re, ce que vous al-lez fai-re.

8. Quand vous par-lez a-vec des per-son-nes de con-si-dé-ra-ti-on, ré-pon-dez hum-ble-ment : oui, Mon-sieur, ou Ma-da-me ; non, Mon-sieur, etc., se-lon qu'on vous in-ter-ro-ge-ra.

9. Si ceux qui ont pou-

voir sur vous vous com-man-dent quel-que cho-se qui soit hon-nê-te, et que vous puis-siez fai-re, o-bé-is-sez-leur vo-lon-tiers et promp-te-ment.

10. Si l'on vous com-man-dait de di-re quel-que pa-ro-le, ou de fai-re quel-que ac-ti-on mau-vai-se, ré-pon-dez que vous ne le pou-vez point fai-re, d'au-tant que ce-la dé-plaît à Dieu.

11. Quand vous vou-drez man-ger, la-vez-vous, pre-miè-re-ment les mains, puis

di-tes le BE-NE-DI-CI-TE, ou au-tre bé-né-dic-ti-on, a-vec pié-té et mo-des-tie.

12. Lors-que vous vou-drez boi-re, pro-non-cez tout bas le saint nom de JÉ-SUS.

13. Tou-tes les fois que vous nom-me-rez ou en-ten-drez nom-mer JÉ-SUS ou MA-RIE, vous fe-rez une in-cli-na-ti-on res-pec-tu-eu-se.

14. Gar-dez-vous bien, à ta-ble ou ail-leurs de de-man-der, de pren-dre et de sous-trai-re en ca-chet-te ou

au-tre-ment ce qu'on au-ra ser-vi, et mê-me vous ne de-vez pas le re-gar-der a-vec en-vie.

15. Quand on vous don-ne-ra quel-que cho-se, re-ce-vez-le a-vec res-pect, et re-mer-ci-ez ce-lui ou cel-le qui vous l'au-ra don-né.

16. Ne vous as-se-yez point à ta-ble si l'on ne vous y in-vi-te.

17. Man-gez et bu-vez dou-ce-ment et hon-nê-te-ment sans a-vi-di-té et sans ex-cès.

18. A la fin de cha-que re-pas, di-tes dé-vo-te-ment les Grâ-ces, en-sui-te sa-lu-ez res-pec-tu-eu-se-ment les per-son-nes a-vec les-quel-les vous a-vez pris vo-tre re-pas, et re-mer-ci-ez ceux qui vous a-vaient in-vi-té.

19. Ne sor-tez point de vo-tre mai-son sans en de-man-der et sans en a-voir ob-te-nu la per-mis-si-on.

20. N'al-lez point a-vec les en-fants vi-cieux et mé-chants, car ils peu-vent

vous nui-re et pour le corps et pour l'â-me.

21. Quand vous au-rez em-prun-té quel-que cho-se, ren-dez-le au plus tôt, et n'at-ten-dez pas qu'on vous le de-man-de.

22. Lors-que vous au-rez à par-ler à quel-que per-son-ne d'au-to-ri-té qui se-ra oc-cu-pée, pré-sen-tez-vous a-vec res-pect et at-ten-dez qu'el-le ait le loi-sir de vous par-ler, et qu'el-le vous de-man-de ce que vous lui vou-lez.

23. Si quel-qu'un vous re-prend ou vous don-ne quel-que a-ver-tis-se-ment, re-mer-ci-ez-le a-vec hu-mi-li-té.

24. Ne tu-toy-ez per-son-ne, non pas mê-me les ser-vi-teurs, les ser-van-tes et les pau-vres.

25. Al-lez au-de-vant de ceux qui en-trent chez vous pour les sa-lu-er.

26. Si quel-qu'un de ceux de la mai-son, ou au-tre, dit ou fait, en vo-tre pré-sen-ce, quel-que cho-se de mal à pro-pos et in-di-gne d'un

chré-tien, té-moi-gnez par quel-que si-gne la pei-ne que vous en res-sen-tez.

27. Quand les pau-vres de-mandent à vo-tre por-te, pri-ez vo-tre pè-re ou vo-tre mè-re, ou ceux chez qui vous de-meu-rez, de leur fai-re l'au-mô-ne pour l'a-mour de Dieu; fai-tes-la leur vous-mê-me lors-que vous le pou-vez.

28. Le soir, a-vant de vous al-ler cou-cher, a-près a-voir sou-hai-té le bon-soir à vos pè-re et mè-re, ou au-tres,

met-tez-vous à ge-noux au-près de vo-tre lit, ou de-vant quel-que i-ma-ge, et di-tes vo-tre pri-è-re a-vec at-ten-ti-on. En-sui-te pre-nez de l'eau bé-ni-te, et fai-tes le si-gne de la sain-te croix sur vous et sur vo-tre lit.

29. Le ma-tin en vous le-vant fai-tes le si-gne de la sain-te croix et é-tant ha-bil-lé, met-tez-vous à ge-noux et di-tes dé-vo-te-ment la pri-è-re du ma-tin. En-sui-te sou-hai-tez le bon-jour à vos pè-re et mè-re et

au-tres per-son-nes de la mai-son.

30. Tous les jours, si vous le pou-vez, en-ten-dez la sain-te Mes-se dé-vo-te-ment et à ge-noux, et le-vez vous quand le Prê-tre dit l'E-van-gi-le.

31. Quand vous en-ten-drez son-ner l'An-gé-lus, ré-ci-tez-le.

32. Soy-ez tou-jours prêt à al-ler à l'é-co-le, et ap-pre-nez soi-gneu-se-ment les cho-ses que vos maî-tres vous en-sei-gnent; soy-ez-

leur bien o-bé-is-sant et res-pec-tu-eux.

33. Gar-dez-vous bien de men-tir en quel-que ma-ni-è-re que ce soit : car les men-teurs sont les en-fants du dé-mon qui est le pè-re du men-son-ge.

34. Sur-tout gar-dez-vous de dé-ro-ber au-cu-ne cho-se, ni chez vous, ni ail-leurs, par-ce que c'est of-fen-ser Dieu, c'est se ren-dre o-di-eux à tout le mon-de, et pren-dre le che-min d'u-ne mort in-fâ-me.

35. En-fin tous vos prin-ci-paux soins, tan-dis que vous vi-vez en ce mon-de, doi-vent ten-dre à vous ren-dre a-gré-a-ble à Dieu et à ne le point of-fen-ser, a-fin qu'a-près cet-te vie mor-tel-le vous soy-ez pré-ser-vé de l'en-fer et pos-sé-di-ez la gloi-re du Pa-ra-dis.

Ain-si soit-il.

FIN.

Besançon. — Imprimerie de J. Bouvalot.

www.ingramcontent.com/pod-product-compliance
Lightning Source LLC
Chambersburg PA
CBHW060517050426
42451CB00009B/1024